Anni Kolvenbach

Die STEINZEIT

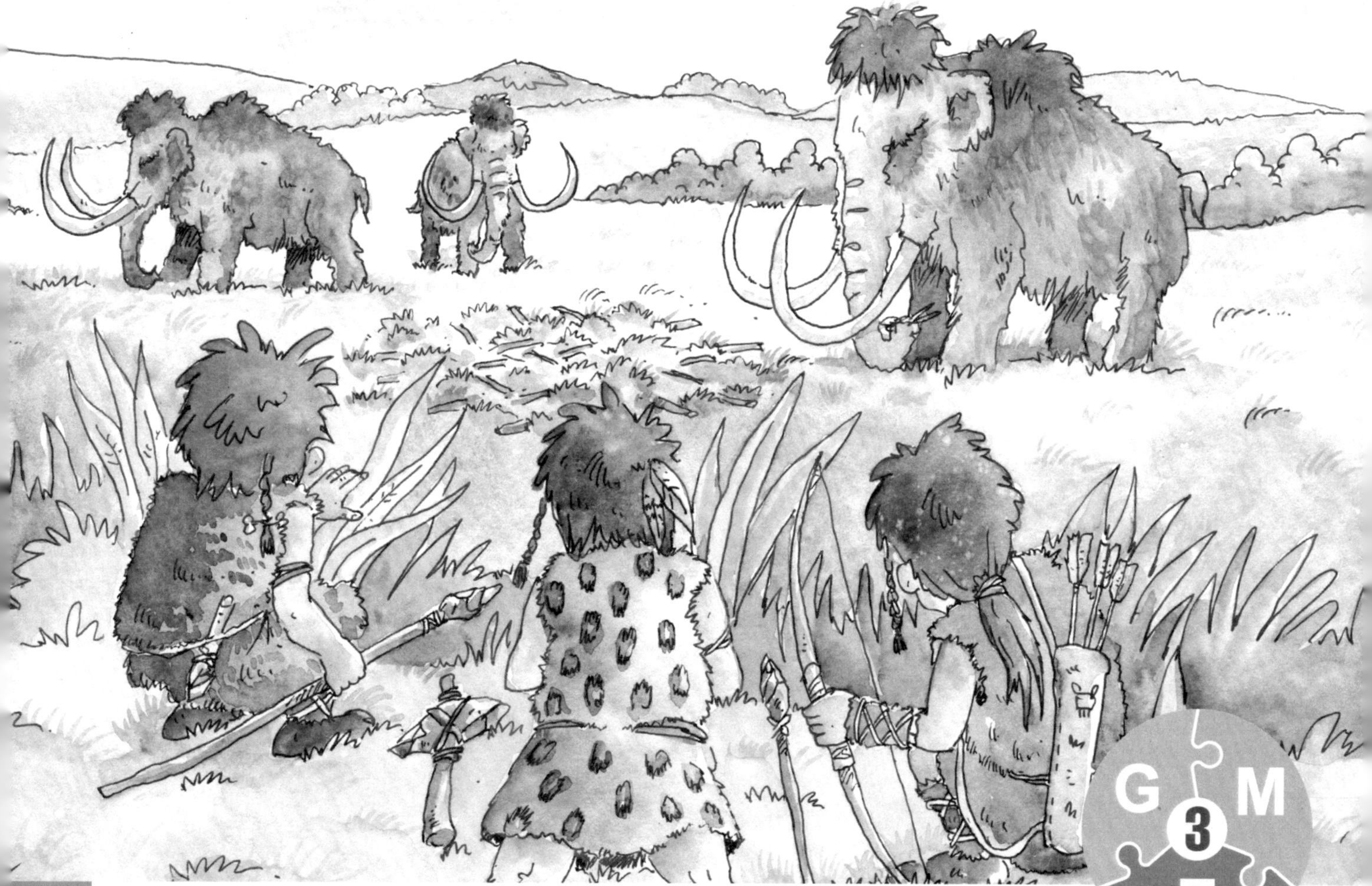

G M 3 E

9

Geschichte

Die Steinzeit

Sonderpädagogisches Fördermaterial (Band 9)

4. Auflage 2025

Inhalt: Anni Kolvenbach
Coverbild: © wladik83 & volondoff - AdobeStock.com
Redaktion: Kohl-Verlag
Grafik & Satz: Kohl-Verlag
Druck: Druckerei Flock, Köln

Bestell-Nr. 12 714

ISBN: 978-3-98558-004-0

Bildquellen © AdobeStock.com:
S. 4: wladik83; S. 5-7: Xavier; S. 8: anibal; S. 11: Hans-Jürgen Krahl, wladik83, Marc_Stay, childrendrawings, 3drenderings; S. 12-13: wladik83, acrogame; S. 14-16: olku; S. 17-19: alexseika, auntspray, Andreas Meyer, olesyaturchuk, Liliya, cosmicanna; S. 20-25: wladik83; S. 24-25: Sabina; S. 26-28: Shibanuk, Katerin_vin, Andrey Kuzmin, Glukoejik, Roni, cosmicanna; S. 29-31: sunnychicka, Roni, 2dmolier

Kontakt: Kohl-Verlag, An der Brennerei 37-45, 50170 Kerpen
Tel: +49 2275 331610, Mail: info@kohlverlag.de

Inhalt

KOHL VERLAG
DIE STEINZEIT
... aus der Reihe: Inklusion KONKRET (Band 9) - Bestell-Nr. 12 714

Vorwort

Liebe Kolleginnen und Kollegen,

das Feld „Inklusion" rückt immer mehr in den Bereich der Regelschulen und gerade in den geisteswissenschaftlichen Fächern ist das Material rar. Das hat mich ermutigt, mein über Jahre gesammeltes Material, neu zu sortieren und zu veröffentlichen.

DAS Kind mit einer Lernbehinderung gibt es nicht; der Grad der Lernbehinderung ist so unterschiedlich, wie die Kinder selbst.

Nur, welche Anforderungen müssen die Kinder an einer Regelschule leisten? Wie hoch darf ich meinen Anspruch „schrauben"? Wie weit muss ich in meinen Erwartungen runter gehen? Diese Fragen stellt man sich meist, wenn man ein Kind mit einer Lernbehinderung nun in einem Klassenverband der Regelschule sitzen hat.
Die Antwort ist eigentlich recht einfach: Die zu bietenden Leistungen des Kindes sind der Anspruch der Lehrer•in. Viel zentraler ist, dass die Kinder dabei sind, dass das Thema das Gleiche ist.

Dazu ein kurzes Beispiel: Die Klasse liest im Geschichtsbuch etwas über das Leben der Steinzeitmenschen. Die SuS bearbeiten die Aufgaben und übertragen ggf. Abbildungen in ihr Heft. Schon beim Lesen beginnt oft die Hürde für ein Kind mit einer Lernbehinderung. Andere können „vorlesen" und erfassen den inhaltlichen Sinn nicht, andere könnten den Inhalt erfassen, wenn der Text etwas einfacher und kürzer wäre. Aber was das Wesentliche ist: Alle Kinder beschäftigen sich mit dem gleichen Thema, nur jeder auf eine andere Art und Weise.

Da Sie die Kinder mit einer Lernbehinderung am besten beurteilen können, haben wir jedes Thema in drei Niveaustufen aufbereitet. Die Ampel signalisiert die Niveaustufen von 1 (ganz grundlegendes Niveau) bis 3 (inhaltlich selbst erfassendes Niveau).

Und nun wünschen wir Ihnen viel Erfolg beim Einsatz unserer Kopiervorlagen- und Ideensammlung.

Der Kohl-Verlag und

Anni Kolvenbach

Name: ___________________________

Klasse: ___________________________

Epochen der Steinzeit

Aufgabe: Verbinde.

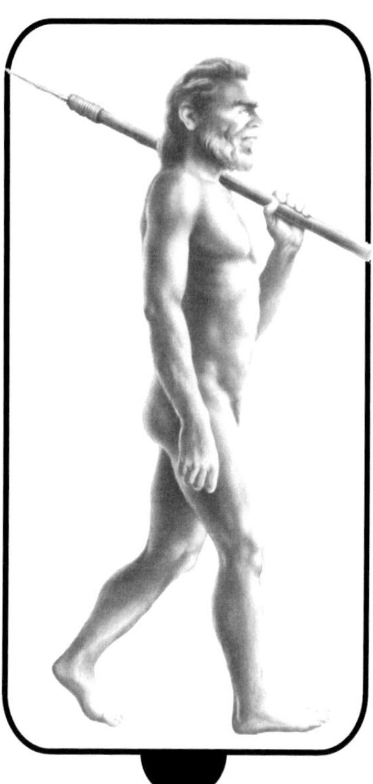

Altsteinzeit

Mittelsteinzeit

Jungsteinzeit

DIE STEINZEIT
... aus der Reihe: Inklusion KONKRET (Band 9) – Bestell-Nr. 12 714
KOHL VERLAG

Name: ______________________________

Klasse: ______________________________

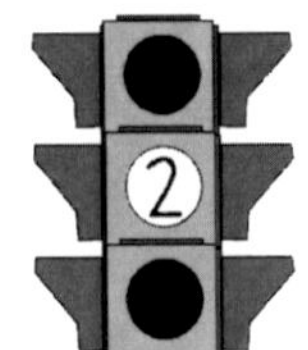

Epochen der Steinzeit

Aufgabe: Verbinde.

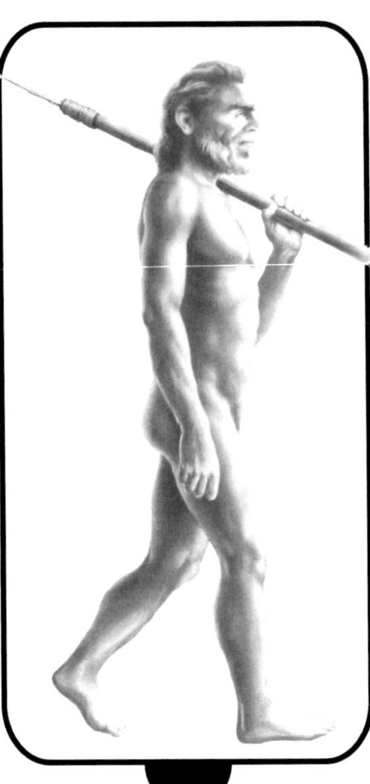

Jungsteinzeit	Mittelsteinzeit	Altsteinzeit
Nun lernt man den ersten Menschen kennen. Er geht auf die Jagd und siedelt sich in Dörfern an.	Immer mehr wird der Affe zum Menschen. Nun gehen sie aufrecht. Sie erfinden das Feuer und Werkzeuge.	Menschenaffen lebten in Afrika. Sie ernährten sich von Früchten, Eiern und kleinen Tieren.

Name:______________________________

Klasse:______________________________

Epochen der Steinzeit

Aufgabe: Lies den Text und ordne die Abschnitte den Bildern zu. Nummeriere.

1 Man unterteilt die Steinzeit in drei Abschnitte. Den ersten Abschnitt nennt man Altsteinzeit. Dort lebten Menschenaffen in trockenem Grasland in Afrika. Diese ersten Menschen haben keine Tiere gejagt. Sie ernährten sich von Früchten, kleinen Tieren und Eiern.

2 Der zweite Abschnitt ist die Mittelsteinzeit. Langsam wird aus dem Menschenaffen ein Mensch. Er geht gerader und kann sich auf zwei Beinen bewegen. Dieser Mensch konnte Feuer machen. Wenn man dort gewohnt hat, wo es sehr kalt war, so war dies sehr wichtig um zu überleben. Auch ging der Mensch jetzt auf die Jagd. Er hatte als Werkzeug einen Faustkeil aus Stein.

3 Der dritte Abschnitt ist die Jungsteinzeit. Die Menschen lebten nun in Gruppen zusammen und nun sah der Mensch schon aus wie ein Mensch. Sie hatten viel feinere Werkzeuge und Waffen und fingen an Hütten zu bauen. Jetzt lernten die Menschen, wie man das Leben besser gestalten kann. Sie beschäftigten sich mit der Natur.

 ◯

 ◯

 ◯

DIE STEINZEIT ... aus der Reihe: Inklusion KONKRET (Band 9) – Bestell-Nr. 12 714
KOHL VERLAG

Name: ______________________________

Klasse: ______________________________

Die Eiszeit und die Jungsteinzeit

Aufgabe: Schaue dir die Bilder an und erzähle.

Eis und Kälte. Und das immer. Im Sommer und im Winter.
Kannst du dir das vorstellen?

Die Eisschicht war manchmal doppelt so hoch wie ein Mensch.

Jetzt musste man sich was einfallen lassen. Keiner durfte erfrieren.

Was haben sich die Menschen überlegt?

Die Menschen jagten Tiere. Das Fell der Tiere haben sie behalten. Daraus machten sie sich Mäntel.

Jetzt waren sie vor der Kälte geschützt.

Schaue auf das Bild. Was haben sie noch aus dem Fell gemacht?

Name: ______________________________

Klasse: ______________________________

Die Eiszeit und die Jungsteinzeit

Aufgabe: Verbinde.

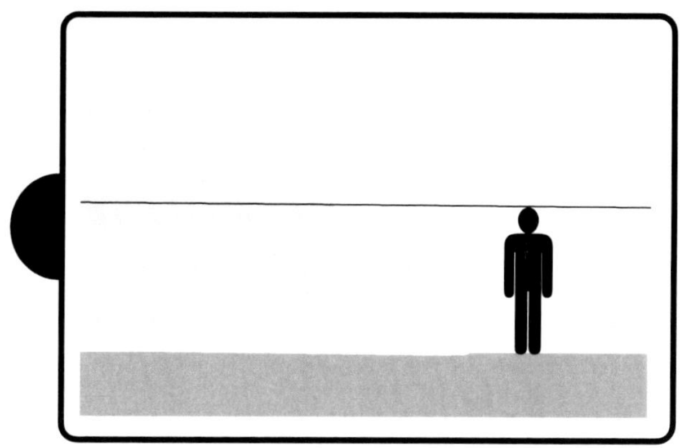

Um nicht zu erfrieren gingen die Menschen auf die Jagd nach Tieren. Sie aßen das Fleisch und nutzten das Fell als Kleidung. Dadurch waren sie gerettet.

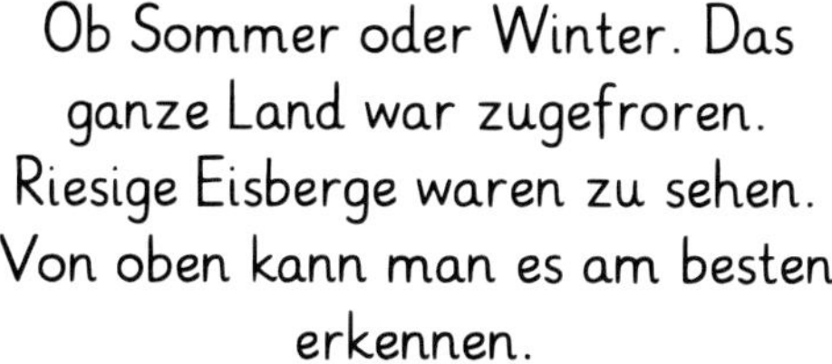

Ob Sommer oder Winter. Das ganze Land war zugefroren. Riesige Eisberge waren zu sehen. Von oben kann man es am besten erkennen.

Die Eisberge waren doppelt so hoch wie ein Mensch. Dadurch war es bitter kalt. Und das viele Jahre lang.

DIE STEINZEIT
... aus der Reihe: Inklusion KONKRET (Band 9) – Bestell-Nr. 12 714
KOHL VERLAG

Name: ______________________________

Klasse: ______________________________

Die Eiszeit und die Jungsteinzeit

Aufgabe: Lies den Text und fülle den Lückentext aus.

Vor der Jungsteinzeit gab es die Eiszeit. Ob Sommer oder Winter; es war bitterkalt. Überall lagen Eisberge, die manchmal doppelt so hoch waren wie ein Mensch. Da es nun so kalt war, musste sich der Mensch verändern. Sie fingen an Tiere zu jagen. Das Fleisch aßen sie und aus dem Fell machten sie Kleidung. Langsam wurde es wieder wärmer und das Eis begann zu schmelzen. Es wuchsen wieder Pflanzen und die Leute fingen an Häuser zu bauen und an einem Ort zu bleiben. Die Menschen entdeckten, dass man Weizen anbauen kann. Sie erfanden zwei runde Steine, die den Weizen zermahlten. So entstand das Mehl. Sie fingen an Wolle zu spinnen und zu stricken. Da einige Leute so gut in der Herstellung von Dingen war, wurden sie zu Spezialisten. Oft tauschte man Dinge gegeneinander ein.

Vor der Jugendsteinzeit gab es die ______________ . Die Eisdecke war doppelt so hoch wie ein ______________. Sie jagten ______________ und machte aus dem ______________ Kleidungsstücke. Mit der Zeit wurde es wärmer und das Eis begann zu schmelzen. ______________ fingen wieder an zu wachsen und die Leute bauten Häuser. Man baute ______________ an und entdeckte, dass runde Steine den Weizen zermahlen konnten und so entdeckte man das ______________. Viele strickten oder bauten Sachen. Man ______________ Dinge gegeneinander ein.

Tiere – Weizen – tauschte – Eiszeit – Mensch – Pflanzen – Mehl – Fell

Name: ____________________________

Klasse: ____________________________

Steinwerkzeuge

Aufgabe: Schaue dir die Gegenstände an. Was wäre es heute? Verbinde.

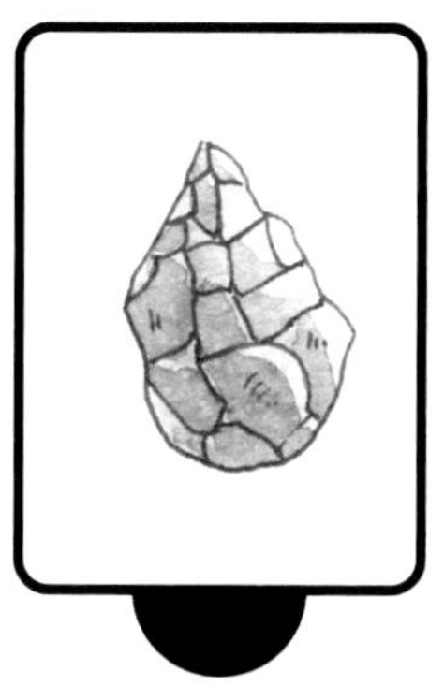

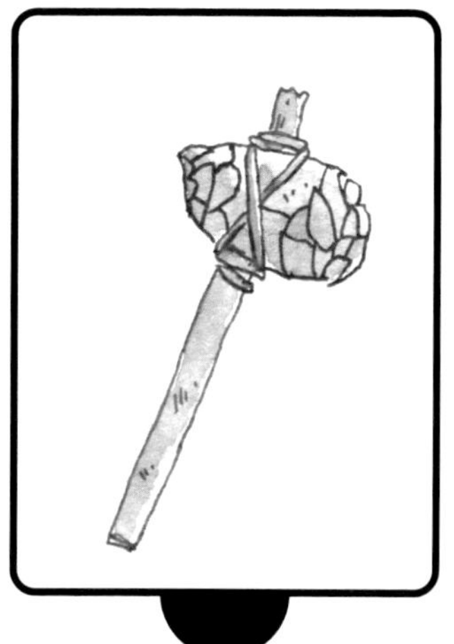

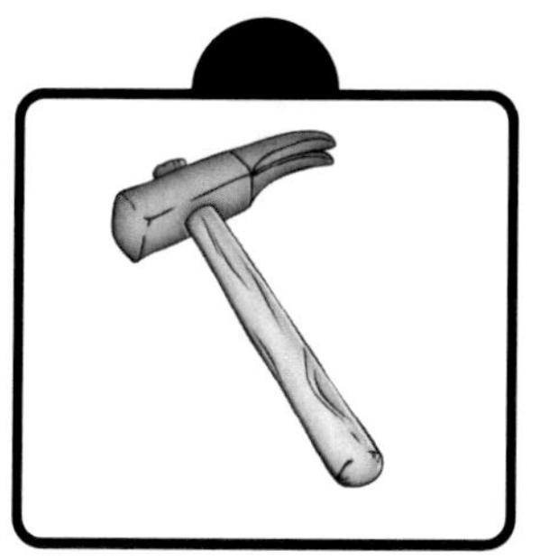

Name: ______________________________

Klasse: ______________________________

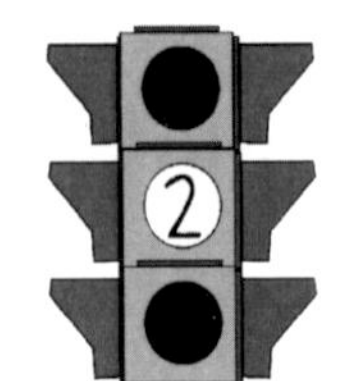

Steinwerkzeuge

Aufgabe: Welcher Text passt zu welchem Bild? Verbinde.

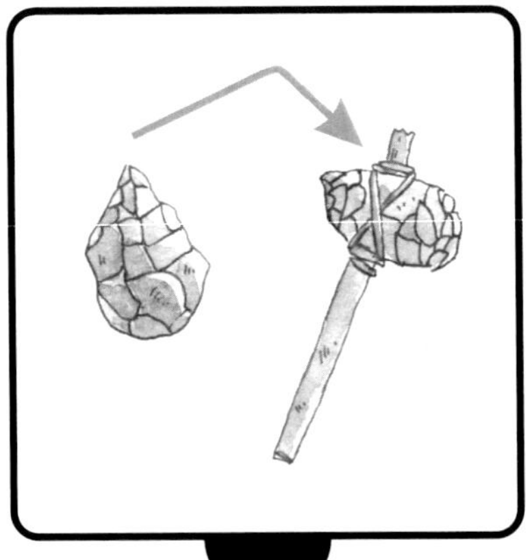

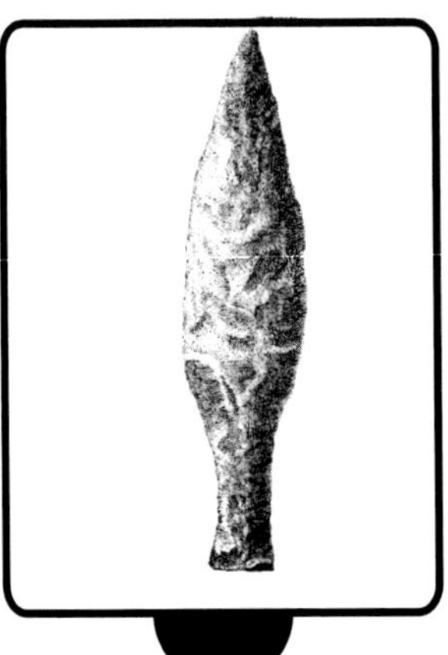

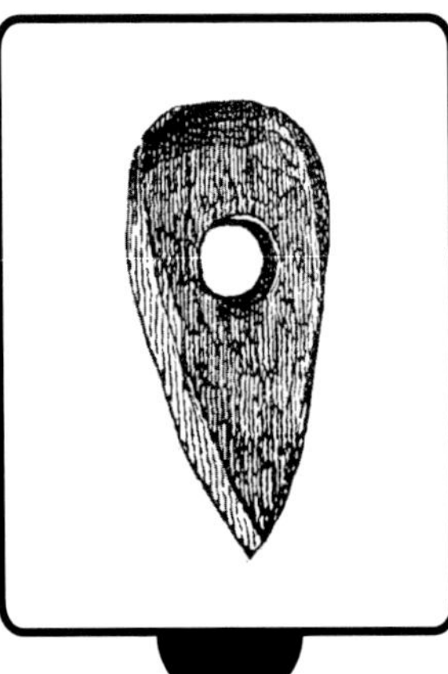

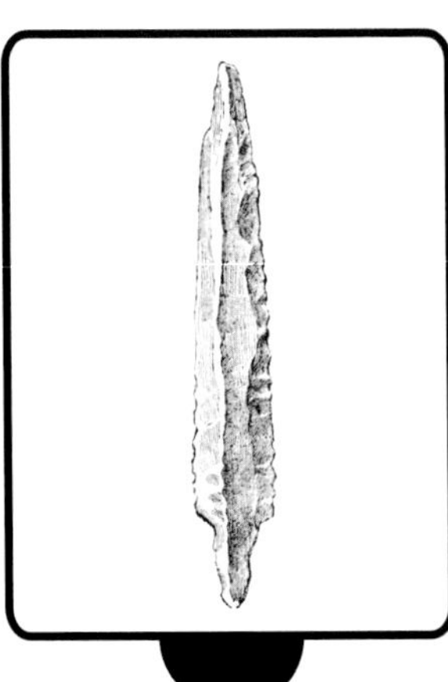

Oft gab es Steine, die vorne spitz waren. Diese waren gut um Löcher in andere Steine zu bohren oder als Jagdspeer zu gebrauchen.

Mit einem Stein etwas zu zerteilen war schwer. Man suchte längliche Steine und schärfte sie. Dann band man ein Stück Holz dran und erfand das Messer.

Es war schwer mit einem Stein etwas zu hämmern. So banden die Menschen einfach einen Stock an den Stein und erfanden so den Hammer.

Sachen zu zerteilen war schwer. Die Menschen schliffen einen Stein zu einer Klinge und bohren ein Loch hinein und verwendeten es als Messer. Sie steckten den Finger in das Loch.

Name: ______________________

Klasse: ______________________

Steinwerkzeuge

Aufgabe: Lies den Text und fülle den Lückentext aus.

Die Menschen erfanden immer neue Werkzeuge. Diese waren meist aus Stein. Darum nennt man diese Zeit auch Steinzeit. Es gab verschiedene Steine. Einige waren sehr hart und man konnte damit Sachen hämmern.

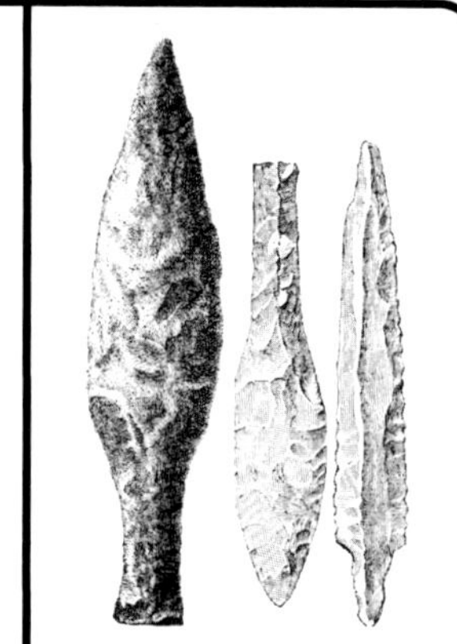
Bohrer und Messer aus Stein

Andere waren sehr scharf und man konnte Dinge zerteilen. Da man aber nicht alles aus Steinen machen konnte, nutzten die Menschen auch Knochen oder Holz.

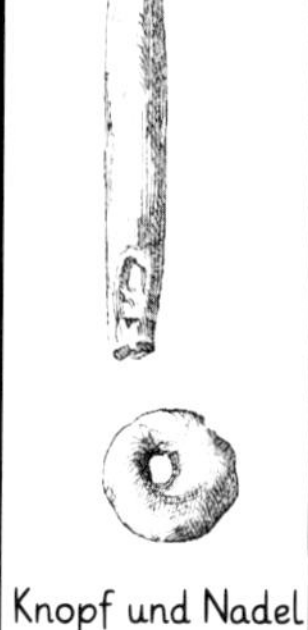
Knopf und Nadel aus Knochen

Als man anfing Häuser zu bauen merkte man, wie schwer diese Arbeit war. Die Menschen erfanden immer neue Werkzeuge, damit der Hausbau leichter wurde. Später gab es richtige Profis, die sich nur damit beschäftigten Werkzeuge herzustellen.

Da damals die Menschen viele ______________ erfanden, die aus Stein waren, nannte man diese Zeit die ______________. Die Steine, die man fand waren immer unterschiedlich. Manche waren ganz hart, andere waren spitz. Die spitzen Steine nutze man, um Löcher zu ______________ und mit den harten Steinen konnte man hämmern. Auch nutzten die Menschen ______________ und ______________, um daraus Dinge herzustellen. Als man anfing Häuser zu bauen, erfand man noch mehr Werkzeuge, die dann die ______________ einfacher machten.

Knochen - Steinzeit - bohren - Arbeit - Werkzeuge - Holz

DIE STEINZEIT
... aus der Reihe: Inklusion KONKRET (Band 9) - Bestell-Nr. 12 714

Name: ______________________________

Klasse: ______________________________

① ● ●

Erfindung von Pfeil und Bogen

Aufgabe: Schneide aus und puzzle.

Name:________________________________

Klasse:________________________________

2

Erfindung von Pfeil und Bogen

Aufgabe: In einem Glaskasten hat man alte Pfeile mit einem Bogen ausgestellt. Schneide aus und ordne zu.

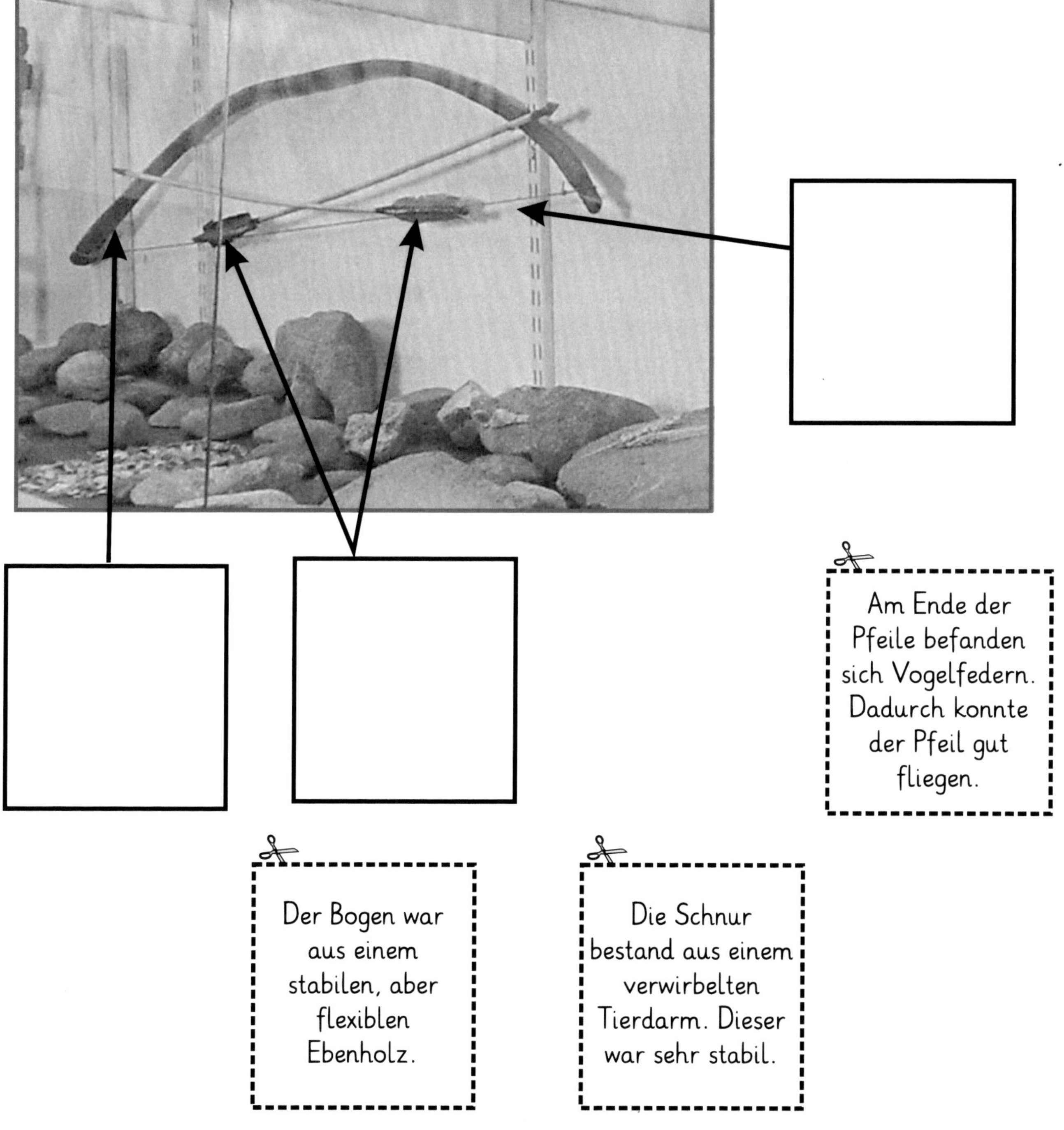

DIE STEINZEIT ... aus der Reihe: Inklusion KONKRET (Band 9) – Bestell-Nr. 12 714
KOHL VERLAG

Name: ________________________________

Klasse: ________________________________

Erfindung von Pfeil und Bogen

Aufgabe: Lies den Text und vervollständige die fehlenden Wörter.

In einem Museum hat man Dinge ausgestellt, die man gefunden hat. Sie stammen aus der Steinzeit. Einige hat man nachgebaut, damit man sich vorstellen kann, wie die Sachen aussahen. Hier ist ein Bogen mit zwei Pfeilen ausgestellt worden. Damit man ihn nicht anfassen kann, hat man eine Glasscheibe davor gesetzt.

Einige Pfeile zeigen darauf, aus was der Bogen besteht. Kannst du die Lückentexte richtig vervollständigen? Trage aus dem grauen Kasten ein.

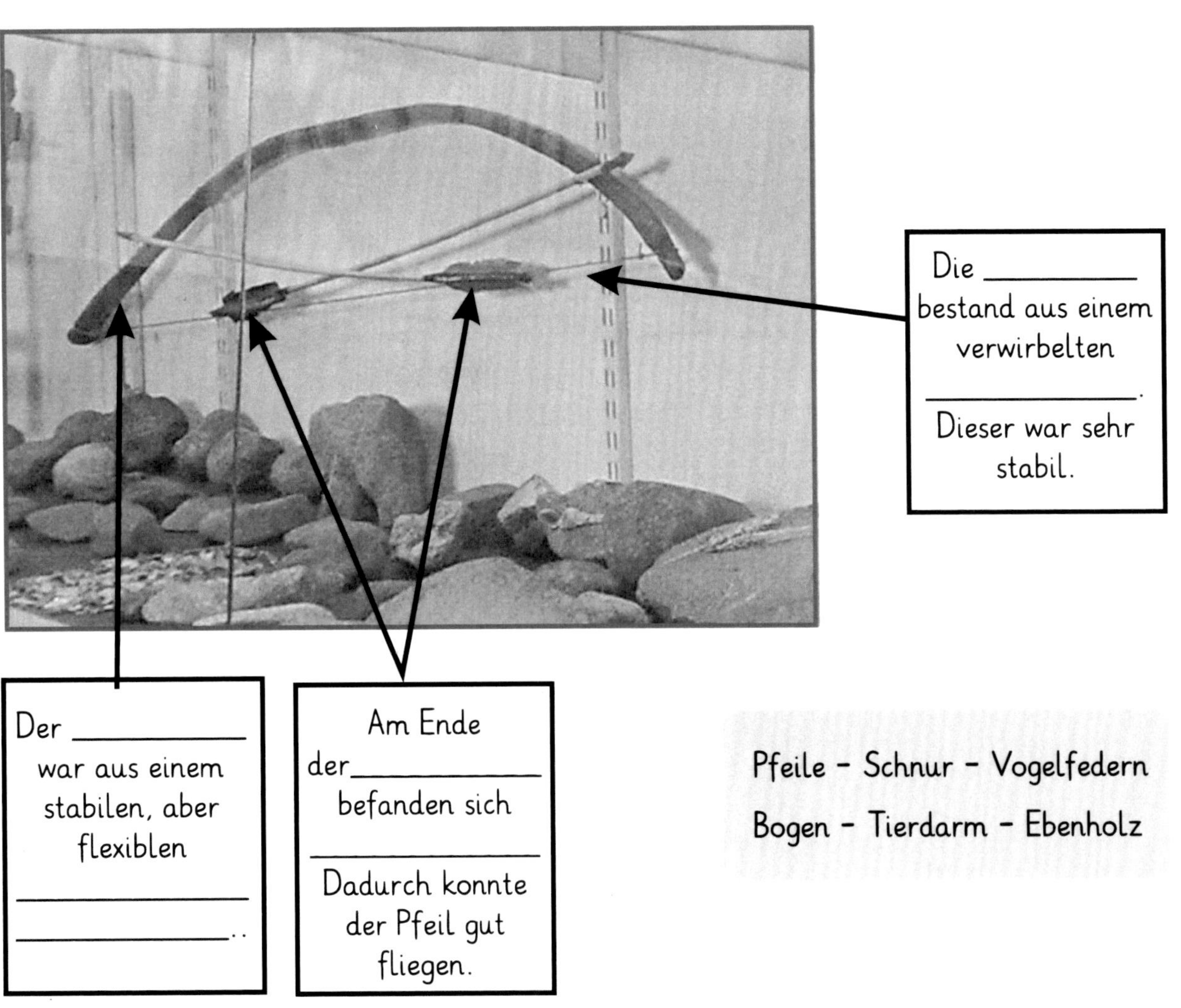

Name:	
Klasse:	1

Tiere und Pflanzen der Steinzeit

Aufgabe: Schneide aus und ordne zu.

Tiere	Pflanzen

DIE STEINZEIT
... aus der Reihe: Inklusion KONKRET (Band 9) – Bestell-Nr. 12 714
KOHL VERLAG

Name: ______________________________

Klasse: ______________________________

Tiere und Pflanzen der Steinzeit

Aufgabe: Lies die Texte und ordne zu.

Tiere		Pflanzen	

Ein Mammut sah so ähnlich aus, wie ein Elefant mit Fell. Das Fell hielt die Menschen warm. Aus den Stoßzähnen machten sie Werkzeuge.

Erdbeeren gab es schon früher. Meistens aßen die Menschen die Beeren so, oder sie kochten sie in einem Topf.

Pilze fand man bereits während der Steinzeit. Nur hier musste man genau wissen, welche Pilze man essen durfte.

Himbeeren wachsen noch heute an Sträuchern. Auch während der Steinzeit gab es bereits Sträucher mit Beeren.

Der Auerochse ist der Verwandte der heutigen „Kuh". Es war eines der ersten Tiere, die gejagt wurden.

Das Wollnashorn hatte ein langes zotteliges Fell und sieht so ähnlich aus, wie unser heutiges Nashorn.

DIE STEINZEIT • Bestell-Nr 12 714
KOHL VERLAG

Name:____________________________________

Klasse:___________________________________

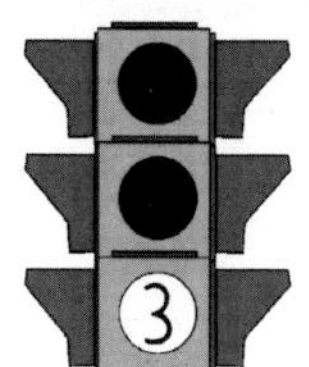

Tiere und Pflanzen der Steinzeit

Aufgabe: Trage ein.

Tiere	Pflanzen
 Das ______________ hatte ein langes zotteliges Fell und sieht so ähnlich aus, wie unser heutiges Nashorn.	 ______________ wachsen noch heute an Sträuchern. Auch während der Steinzeit gab es bereits Sträucher mit Beeren.
 Ein ______________ sah so ähnlich aus, wie ein Elefant mit Fell. Das Fell hielt die Menschen warm. Aus den Stoßzähnen machten sie Werkzeuge.	 ______________ fand man bereits während der Steinzeit. Nur hier musste man genau wissen, welche Pilze man essen durfte.
 Der ______________ ist der Verwandte der heutigen „Kuh". Es war eines der ersten Tiere, die gejagt wurden.	 ______________ gab es schon früher. Meistens aßen die Menschen die Beeren so oder sie kochten sie in einem Topf.

Auerochse – Erdbeeren – Mammut – Wollnashorn – Himbeeren – Pilze

DIE STEINZEIT
... aus der Reihe: Inklusion KONKRET (Band 9) – Bestell-Nr. 12 714
KOHL VERLAG

Name: ______________________________

Klasse: ______________________________

So lebten die Menschen

Aufgabe: Verbinde.

Die Menschen bauten Hütten.

Die Menschen lebten gemeinsam.

Sie machten ein Feuer um zu kochen.

DIE STEINZEIT
KOHL VERLAG ... Inklusion KONKRET (Band 9) Bestell-Nr. 12 714

Name: ______________________

Klasse: ______________________

2

So lebten die Menschen

Aufgabe: Verbinde.

Die Menschen lebten schon früher zusammen. Es bildeten sich Dörfer. Den ganzen Tag waren sie damit beschäftigt hinter Tieren hinterher zu schleichen.	Das Feuer wurde mit Hilfe von Feuersteinen entzündet. Es dauerte oft lange, bis das Feuer flammte. Das Feuer hielt die Menschen warm und man konnte kochen.	Um in der Nacht geschützt zu sein, haben die Menschen ein Loch gegraben. Darüber bauten sie mit Ästen und Stöcken eine Art Zeltdach, das sie schützte.

DIE STEINZEIT ... aus der Reihe: Inklusion KONKRET (Band 9) – Bestell-Nr. 12 714
KOHL VERLAG

Name: ______________________________

Klasse: ______________________________

So lebten die Menschen

Aufgabe: Lies den Text und fülle den Lückentext aus.

Die Menschen lebten schon früher zusammen. Es bildeten sich Dörfer. Den ganzen Tag waren sie damit beschäftigt hinter Tieren hinterher zu schleichen. Damit die Menschen nicht erfroren und auch kochen konnten, fanden sie die Möglichkeit ein Feuer zu entfachen. Das Feuer wurde mit Hilfe von Feuersteinen entzündet. Es dauerte oft lange, bis das Feuer flammte. Um in der Nacht geschützt zu sein, haben die Menschen ein Loch gegraben. Darüber bauten sie mit Ästen und Stöcken eine Art Zeltdach, das sie schützte.

Früher lebten die ______________ zusammen. Sie gründeten ______________. Die Menschen waren früher damit beschäftigt hinter ______________ hinterher zu schleichen und zu jagen. Die Tiere waren zum Überleben sehr wichtig. Damit die Menschen nicht frieren mussten und kochen konnten, entdeckten sie das ______________. Die ______________ halfen dabei, um das Feuer zu entzünden. Es dauerte oft sehr lange, bis das Feuer flammte. Damit die Menschen während der ______________geschützt waren, gruben sie ein ______________ und bauten eine Art Zelt aus ______________ und ______________ darüber.

Feuer – Menschen – Stöcken – Tieren – Nacht – Dörfer– Loch – Ästen – Feuersteine

Name: ______________________________

Klasse: ______________________________

Ein Mammut wird gefangen

Aufgabe: Schaue dir das Bild an. Erzähle, was du siehst. Der untere Kasten gibt dir ein paar Erzählanlässe.

Erzählanlässe:

- Die Mammuts sind groß.
- Die Mammuts sehen aus wie Elefanten mit Fell.
- Sie haben lange Stoßzähne.
- Die Menschen vorne im Bild haben Pfeil und Bogen.
- Die Menschen möchte die Mammuts jagen.
- Die Kleidung, die die Menschen tragen, sehen aus, wie das Fell der Mammuts.
- Die Menschen verstecken sich, damit sie von den Mammuts nicht gesehen werden.

DIE STEINZEIT
... aus der Reihe: Inklusion KONKRET (Band 9) – Bestell-Nr. 12 714
KOHL VERLAG

Name: ____________________

Klasse: ____________________

Ein Mammut wird gefangen

Aufgabe: Lies dir die Aussagen durch und entscheiden, ob sie wahr oder falsch sind. Kreuze an.

	wahr	falsch
Die Mammuts waren sehr groß. Sie sahen aus wie die heutigen Elefanten, nur dass sie ein Fell besaßen.		
Die Menschen haben die Mammuts nur beobachtet. Sie wollten sie als Haustiere halten.		
Die Menschen haben die Mammuts gejagt und ihr Fleisch gegessen. Aus dem Fell machten sie Kleidung.		
Die Menschen schlichen sich an und versteckten sich, um nicht von den Mammuts gesehen zu werden.		

Name: ______________________________

Klasse: ______________________________

Ein Mammut wird gefangen

Aufgabe: Lies den Text und fülle den Lückentext aus.

Da viele Mammuts in Sibirien eingefroren sind. konnten sie gut erhalten bleiben. Daher weiß man heute ganz genau, wie so ein Mammut einmal aussah. Ein Mammut in der Steinzeit zu jagen war nicht ungefährlich. Man musste sehr nah an das große und mächtige Tier herankommen. Die Mammuts grasten meist in Gruppen. Man musste sich ganz vorsichtig anschleichen, damit man nicht gehört wurde. Um ein Mammut zu fangen hat man auch schon mal ein tiefes Loch gegraben und spitze Pfeile dort hineingesteckt oder man hat es mit Pfeilen gejagt. Wenn das Mammut erlegt war, so wurden Fleischstücke herausgeschnitten. Das warme und dichte Fell nahm man, um daraus Kleidung herzustellen. Das Fleisch reichte fast für ein halbes Jahr.

Da es in ______________ sehr kalt war, sind viele Mammuts eingefroren. Darum wissen wir heute, wie sie einmal ______________ haben. Es war ______________ ein Mammut in der Steinzeit zu jagen. Man musste sehr ___________ an das Mammut herankommen. Diese lebten gemeinsam in ________________. Die Menschen mussten sich anschleichen, um ein Mammut zu ______________. Dazu nutzten sie ______________ oder sie gruben ein ________________. Wenn das Mammut erlegt war, so nahm man das ____________________ als Nahrung und das ________________ als Kleidung.

Loch – gefährlich – Sibirien – Pfeile – Fleisch – nah – ausgesehen – Fell
jagen – Gruppen

DIE STEINZEIT
... aus der Reihe: Inklusion KONKRET (Band 9) – Bestell-Nr. 12 714
KOHL VERLAG

Name: ______________________________

Klasse: ______________________________

Essen in der Steinzeit

Aufgabe: Verbinde, was wohin gehört..

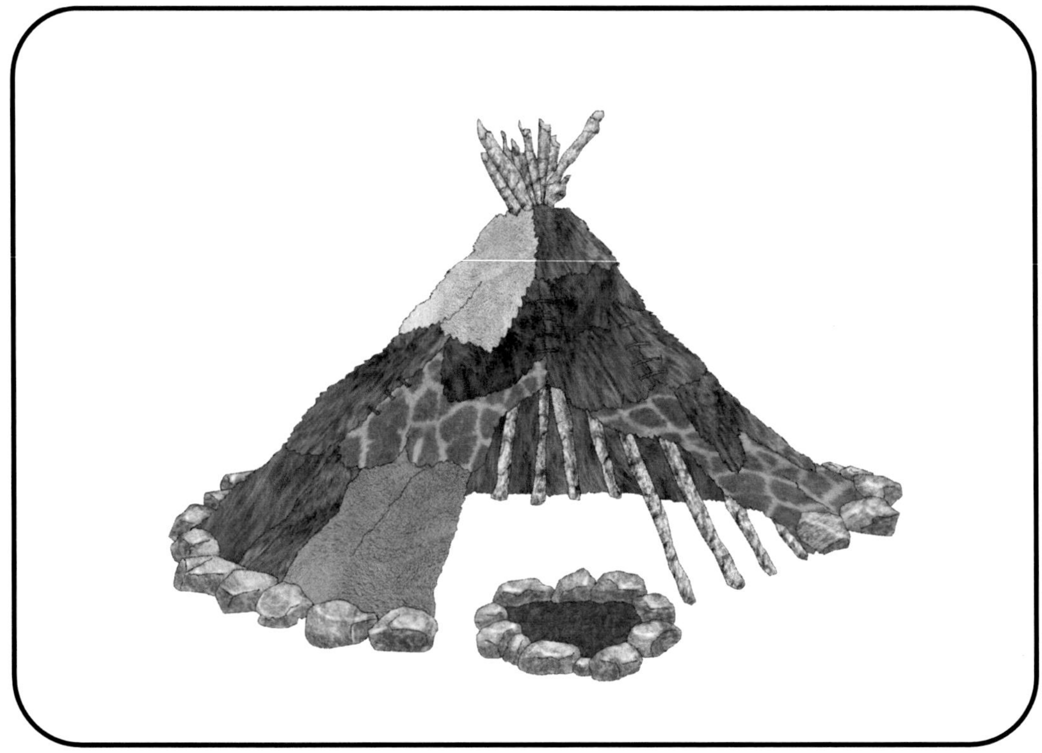

Name: ______________________________

Klasse: ______________________________

Essen in der Steinzeit

Aufgabe: Schneide aus und ordne die Texte den Bildern zu.

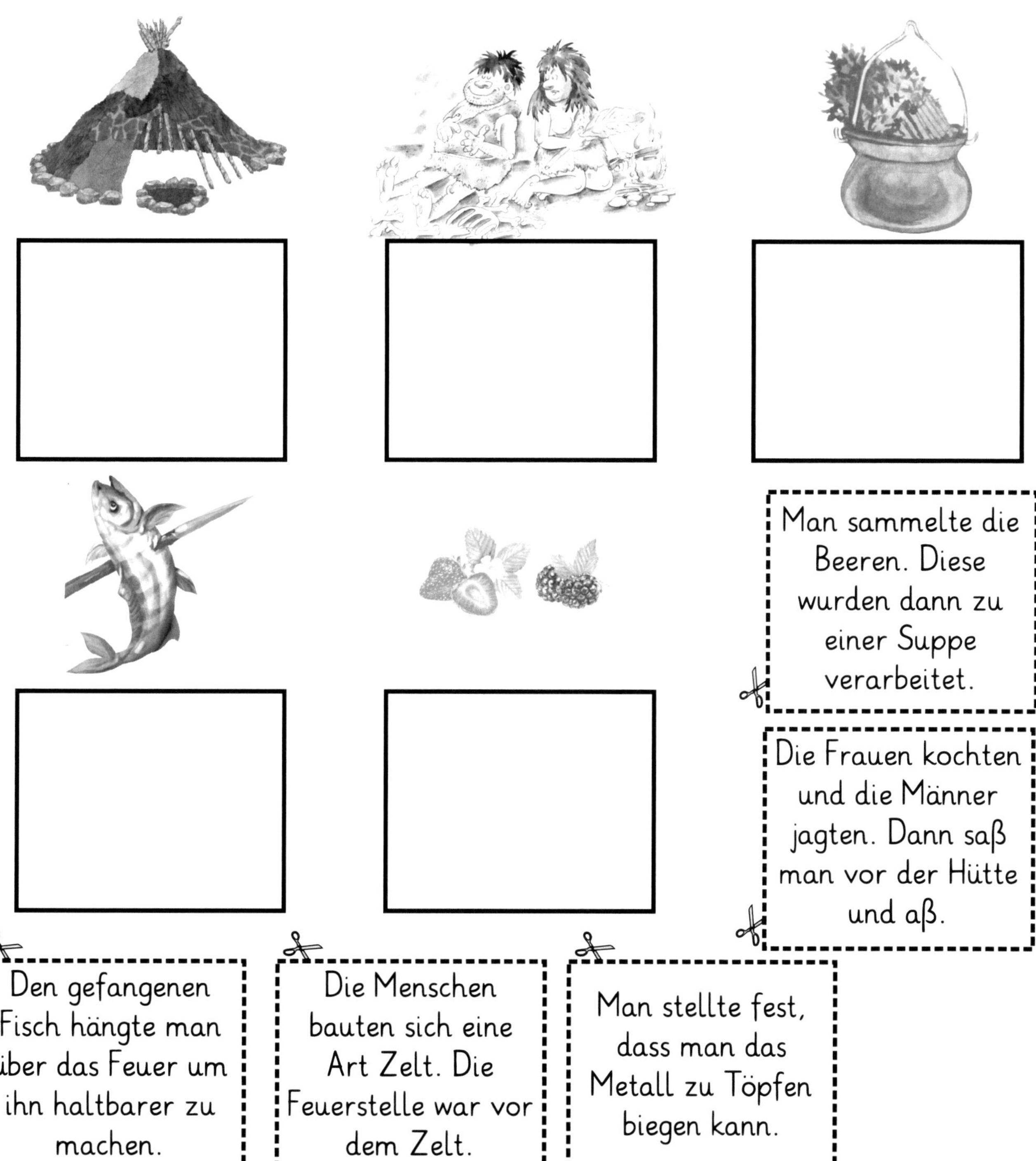

Man sammelte die Beeren. Diese wurden dann zu einer Suppe verarbeitet.

Die Frauen kochten und die Männer jagten. Dann saß man vor der Hütte und aß.

Den gefangenen Fisch hängte man über das Feuer um ihn haltbarer zu machen.

Die Menschen bauten sich eine Art Zelt. Die Feuerstelle war vor dem Zelt.

Man stellte fest, dass man das Metall zu Töpfen biegen kann.

DIE STEINZEIT
... aus der Reihe: Inklusion KONKRET (Band 9) – Bestell-Nr. 12 714
KOHL VERLAG

Name: ______________________________

Klasse: ______________________________

3

Essen in der Steinzeit

Aufgabe: Ergänze die Lückentexte.

Früher lebten die Steinzeitmenschen in selbstgebauten ____________. Diese sahen aus, wie ein Zelt. Vor der Hütte gab es eine ________________, auf der gekocht wurde.

Feuerstelle – Hütten

Die____________ kochten das ______________ und die ______________ gingen auf die __________ . Gegessen wurde vor der Hütte, direkt am Feuer.

Männer – Frauen – Jagd – Essen

Man jagte __________ und hing diese über das Feuer. Das nennt man ___________ . Dadurch wird der Fisch ______________ .

räuchern – haltbarer – Fische

Die Menschen sammelten ______________. Diese wurden dann _____________ . Auch __________ wurden gesammelt und gekocht. Das ergab eine ___________.

Pilze – gekocht – Suppe – Beeren

Die Menschen fanden heraus, dass man ___________ biegen und bearbeiten konnte. Sie erfanden die ___________. Diese stellten sie auf die ______________ .

Töpfe – Feuerstelle – Metall

DIE STEINZEIT

Name: ____________________

Klasse: ____________________

Das Ende der Steinzeit

Aufgabe: Verbinde, was zu welchem Bild passt.

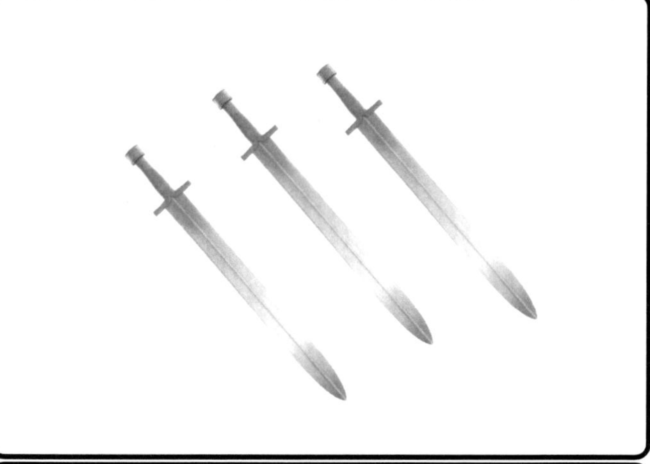

Männer jagen Fisch und verkaufen ihn.

Aus Metall werden Schwerter gebaut.

Malerei in einer Höhle

DIE STEINZEIT
... aus der Reihe: Inklusion KONKRET (Band 9) – Bestell-Nr. 12 714

Name: ______________________________

Klasse: ______________________________

Das Ende der Steinzeit

Aufgabe: Verbinde.

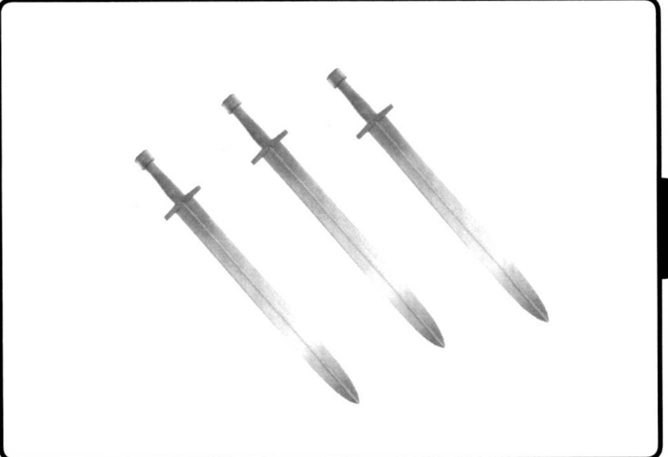

Man hatte verschiedene Metalle gefunden. Es haben sich Männer darauf spezialisiert diese Metalle zu mischen. Dadurch wurden sie viel härter und sie konnten Waffen herstellen. Auch stabilere Töpfe machten sie.

Das man heute so viel über die Steinzeitmenschen weiß, hat man ihrer Höhlenmalerei zu verdanken. Sie malten Ereignisse oder Erfindungen an die Höhlenwände. So wissen wir, was passiert ist.

Die Männer gingen auf die Jagd. Wer besonders gut Fische fangen konnte, der verkaufte sie an andere, die weniger Erfolge hatten. Es bildeten sich so die ersten Berufsgruppen. Man spezialisierte sich auf eine Sache.

Name: ______________________________

Klasse: ______________________________

③

Das Ende der Steinzeit

Aufgabe: Ergänze die Lückentexte.

Das man heute so viel über die Steinzeitmenschen weiß, hat man ihrer ______________ zu verdanken. Sie malten ______________ oder Erfindungen an die ______________. So wissen wir, was passiert ist.

Höhlenwände - Höhlenmalerei - Ereignisse

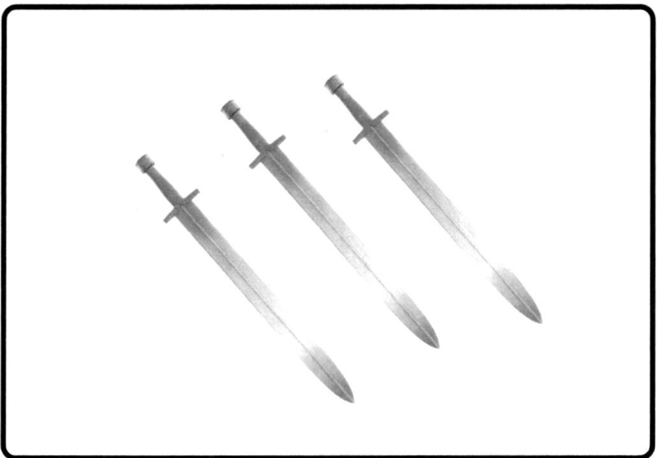

Man hatte verschiedene ______________ gefunden. Es haben sich Männer darauf spezialisiert diese Metalle zu ______________. Dadurch wurden sie viel härter und sie konnten ______________ herstellen. Auch stabilere ______________ machten sie.

Waffen - Metalle - Töpfe - mischen

Die Männer gingen auf die ______________. Wer besonders gut ______________ fangen konnte, der ______________ sie an andere, die weniger Erfolge hatten. Es bildeten sich so die ersten ______________. Man spezialisierte sich auf eine Sache.

Fische - Jagd - Berufsgruppen - verkaufte

DIE STEINZEIT
... aus der Reihe: Inklusion KONKRET (Band 9) – Bestell-Nr. 12 714
KOHL VERLAG